JN410545

손희자

2001년 월간《문학공간》으로 등단하여

한국문인협회 홍보위원, 국제펜클럽 회원, 남산 문학의집 회원.

벼리동인 회장을 거쳐 현재 사임당문학《시문회》회장을 맡고 있다.

시집《가끔 꽃물이 스민다》(2005),《그 외딴집》(2008)을 출간했으며

경기도문학상, 포스트모던 작품상,

사임당문학상, 중랑문학대상을 수상했다.

E-mail : heeja-son@hanmail.net

손희자 시집

한 권의 장서

이지출판

시인의 말

시가 뭔지도 모르면서 시인을 동경했었다.
내가 자란 시골마을에는 문명이 조금 더디게 닿았다.
사방 산과 들로 펼쳐진 풍경과 바다가 있었고
모래둔덕에 드문드문 피어 있는 해당화꽃
알싸한 향기가 내 성장기 감성의 전부였다.
그러던 내가 어느 날 시인이 되어 있었다.
하지만 시는 쉽게 곁을 내주지 않았고
나만 혼자 시를 붙잡고
지내온 지 이십여 년이 되었다.
참 많이 망설이다가 십일 년 만에 물음표 반 느낌표 반으로
제3시집을 상재한다.

아마도 나는 생을 다하는 그날까지 시 곁에 머무를 것 같다.

2019년 만추에
손 희 자

= 차례 =

2. 연두에 들다

3. 따뜻한 저녁

4. 새의 지문

1
풍경의 밑그림

고향

가난했던 앙가슴 안은 채
강진에 간다
나 떠나올 때 눈물 감추던
당신의 모습 품에 안고

내 유년을 수유하고도
늙을 줄 모르는 앞산 능선과
지독한 그리움들 마시러 간다

잊고 지내던 구수한 사투리
허기져 지친 내 모습 보듬고
장독대 곁에서 분꽃으로 손짓하는
어머니의 음성 들으러 간다

지금도 푸짐한 건 하늘이어서
도래솔 허리 굽은
아버지 봉분 곁에 앉아
질펀한 육자배기 들으러 간다

내 고향 강진으로.

달, 지다

밤마다
서늘한 칼날에 베어지는
형형한 눈빛

어머니를 산에 묻고 온 날 밤에도
저 빛 푸르게 스러졌다

지병을 달고 살면서
하루도 빠뜨린 일 없이
새벽이면 정화수 그릇에
소원 소복하게 채우시던 모습

그 모진 세월 뒤로 한 채
섣달 그믐밤
깊어진 어둠 밀어내고
새길 밝혀 놓고 떠나신
선연한 당신.

말씀 한 벌

어릴 적
허기를 채워 주는 건 아궁이였다
불만 지피면 꽃으로 피어올라
밥이 되고 국이 되고 양식이 되었다
구들까지 지극한 온기가 되었다

그때
굴뚝을 타고 오르던 매캐한 연기가
고달픈 생에서 내뿜으시던
어머니의 한숨이었을까

점점 사위어가는 잿불 속에서
따끈하게 익어가던 고구마 몇 알
자식을 향한 뭉클한 사랑이었음을
어머니의 나이가 되어서야 알았다

여자에서 어미라는
번호도 없는 수인으로 저당 잡혀
바늘귀 엇나간 실 허공만 꿰다가 울컥할 때면
어머니의 정성과 희생이 가득 담긴
그날의 놋그릇을 열어본다

아궁이 앞에서 조용히 이르시던
어머니의 말씀 한 벌
애야, 눈물과 한숨도 참으면 밥이 되느니

아,
휘청거리던 생生이 거뜬해진다.

아린 꽃

내 올 줄 아셨는지
울안 여기저기 구절초 피우시고
하늘에서 금방 따온 목화솜 홑청에
도라지꽃 한 땀 한 땀 수놓고 계시네

무덤 앞에 응석 한 짐 풀어놓고
엄마, 내 삶이 왜 이래요
그만 애비와 헤어져야겠어요
북어포 찢어 당신 한잔, 나 한잔
소주잔 기울이다 눈물콧물 쏟아내는
철부지 꽃 무너지는 억장
가을볕에 가만가만 토닥이시네

자식들 잘 키워서 출가시켰고
되고 싶다던 글쟁이도 되었는디
얼마나 더 큰 영화를 바라냐고
여린 당신 닮아 어쩌면 좋으냐고
때론 습하지 않은 삶이 어디 있겠냐며
저물어가는 해거름
사람들의 마을로 등 떠미시네

애저녁 초승달로 터벅터벅 따라오시며
봉분 위 구절초로
아련히 손 흔들어 주는 당신.

눈맞춤

그믐밤
바다는 왜 저리 통곡하는지
띄엄띄엄 집어등 불빛
유성처럼 멀어지고

그 빛의 생애 가장 밝은 날
사구에 핀 해당화 알싸한 향기 곁에서
흐트러지지 않은 기억의 창문을 연다

영정 속 꽃 같은 그녀와
마지막 눈 맞춤이다
떠나가는 그녀는 웃고 있는데
남아 있는 나만 덩그렇게 서서 운다

이승을 떠나는 영혼
뒤 한번 돌아보지 않고
연기 한 줄기 비상飛上한다

오늘밤
새로 뜬 별 하나
유독 반짝이겠다.

귀뚜라미

선돌 후미진 골방에 들앉아
황홀한 비경에 젖어
현을 뜯는 이여

어둠을 걷어내며
차랑차랑 고이는 오묘한 선율
혼곤한 늪으로 유혹하는 이여

눈 감으면 다가와
사무치게 그리움 키우다가
허공에 메아리만 걸어놓고 멀어져 간 이여

어이 할까나 이 밤
토방 끝에 앉아 달빛바라기 하다가
절실한 서정 한 줄 보듬지 못하는
차가운 가슴을.

유배지流配地에 감치다

백련사 동백 숲에 들었다
동록銅綠이 오른 잎사귀에서
청사靑史의 문장들을 꺼내 읽는다

가물가물한 기억들
한 무더기 풀어놓고
그리움을 줍다가
초당 뜰에 우두커니 서 본다

몇 가닥 남은 햇살을 목선에 싣고
흑산도를 향한 다산의 소회만
올망졸망한 섬 봉우리를 넘고 있다

어제의 꽃들이 남겨 놓은
동박새 날개에서 떨어지는 비듬
몸살로 옮아 오한까지 찰진
강진만에 감쳐 돌아보면
굽이굽이마다 비켜선 벼랑
우련하다.

물결을 따라

삶을 수식하는 나날 접어두고
그곳에 가면
햇살이 강물에 털어놓은
빛들의 군무가 우화로 들린다
강물은 젊어서 너무 젊어서
하늘에 얼룩진 구름
수면 위에 여러 문양들
매번 본떠 흐르는데
나는 물 위로 뜰 수 없는
강바닥에 가라앉은 돌들의 앉음새를
곰곰이 곰곰이 떠올리다가
물 거울에 얼비치는
내 귀밑머리가 하얗게 센 것도
다 흐르기 때문임을 알았다

북한강 남한강이 만나
물의 말씀들로 결을 이루는
두물머리에 가면
사백을 더 살고도 청청한 느티나무가
큰 그늘 깔아놓고 종일 하는 이야기
모든 것은 만나서 결을 따라
흘러가는 것이라고
그렇게 흐르며 깊어지는 것이라고.

터득하다

언제부턴가 강가에 서면
파아란 하늘이 시린 발을 담그고
산모퉁이 돌아 흐르면서
숨죽여 울고 있었다
해와 달, 별과 구름이 밤새 이슬 되어
풀잎 끝에 물 점을 찍었다가
아침 햇살에 말끔히 지워 버리는 것이
질긴 외로움이었다는 것을 몰랐다
외진 산길에 핀
구절초 향기 곁에 주저앉아
지난 삶을 굽어보면
처음부터 갈라진 길목에
경계를 두진 않았다
그래도 이 세상 끝 간 데 없이
외롭고 서러워 여위어 가는 것을
생각을 켜들고 돌아보니
그것이 인생이라는 것을.

그런 날 있지

목숨 팽개치고 싶은 날 있지
단풍 숲 그늘에 파묻혀 순장되고 싶은
사색들이 앞장서
마음 다독일 틈조차 주지 않은
팽팽한 간이역
레일의 두 사선 같은 운명 갈등하며
먼지 수북한 벤치에 앉아
소리 없이 눈물 떨구며
오지 않는 막차
울지 않는 기적 소리 기다리는 여자
가만히 들여다보면 꽃 같은 날 있지
세월이 봉인한 갯버들
봄볕에 새순 돋아 낭창거리던 날들과
밀원의 은밀한 떨림 같은
프란체스카 닮은 여자
주홍빛 달구어진 그 숲에 들어
몸져눕고 싶은 그런 날 있지.

그해 승부역

그대여
우리가 잠시 머물며
갈잎문자 해독하지 못한
이곳을 잊지 말게나

사방이 온통 설원에 묻혀
촘촘하게 빛 부신 날
콧날 시큰해진 작별 앞에서
새끼손가락 걸지 말게나

객창 어디쯤 떠돌다가
문득 이곳이 생각나거든
다문다문 쟁여놓은 그리움
걸망에 지고
북풍도 가쁘게 몰아쉬는
세평 울안
그 어름으로 오시게나

혹여, 겨울해가 더디게 고개를 넘거든
신발끈 풀어놓고 뭇별들과 함께 앉아
그때 해독하지 못한 갈잎문자 펼쳐보게나

겹겹이 그리웠던 능선 같은 사람
간이역 어디쯤 달려오고 있을 테니
내 그리운 사람, 사람아.

폐선

마랑항 후미쯤
허리 굽은 어부
바닷길 끊긴 뱃머리에 앉아
침침해진 눈 비벼가며
아른거리는 수평선 너머를 보고 있다

바다에 볼모잡힌 파시의 시간들
날선 파도와 맞잡이 하던
이골 난 수평선 지우고
생멸 넘나들며 풍랑에 긁혀
움푹 파여 짓무른 눈자위가 허허롭다

밤낮없이 느루 찍힌 한뉘
지문 다 닳아 옹이 박힌 손
툭툭 털고 돌아서 가는 긴 그림자에 눌린
정박한 화석이다.

풍경의 밑그림

능라 결 고운 볕살 따라
꽃그늘 언저리에 닿았다
소문만 무성하게 퍼뜨리고 다니던 봄바람
양지 어디쯤 춘곤증에 들었는지
윤슬 일렁이는 강물만 기척 없이 흐른다
층층이 공글리며 피는 꽃들의 긴 행렬
그 발자국 되짚을수록 세상은 더 아득하다
지난 꽃샘추위에 봉긋 내민 젖망울 시리던
찬연한 아우성 들끓으며
몽실몽실 피운 꽃 알몸에서
은근한 향내가 달보드레하다
꼬리를 물고 이어지는 꽃수레
D장조의 선율을 타는 세상은 꽃 대궐이다
산기슭 어디선가 선잠 깨고 난
천 년 전에 불던 바람
거칠게 달려와 꽃 송아리에 닿자
소스라치게 놀라 화르르 뛰어내린
꽃잎, 꽃잎, 꽃잎들
맨발이다.

초우

겨우내 숨죽인 대지
영하의 등뼈 녹이고
해토머리에 찾아와
가랑비 내린다

명지바람 아늘거리다
우북하게 실핏줄 돋는
어슴푸레한 저녁
어둠을 갉아대던 환상통 같은
그런 사랑 있었다

두근거리는 맨가슴에
수십만 개 물 화살로
연둣빛 속 뜰에 깊게 스며
지순한 목련꽃 숨결같이
사르시 오는 그런 사랑.

파종의 꿈

순리를 따르는 건 지혜로운 것이다
이맘때가 되면 내 삶의 주도권은
빈 땅에만 있는 것 같다
텃밭 언저리에 잘 삭힌 두엄을
이랑마다 푹신하게 깔아놓고
상추 배추 토마토 호박 모종을 심었다
내 아버지는 농부였다 내 할아버지의 아버지도
그래서일까
나는 토플보다는 땅의 언어에 더 능통하다
사부작거리며 다녀간 봄비 뒤에
부스스 일어나는 여린 것들
햇살 젖꼭지 빨다가
기지개 켜며 발 뻗는 소리 들린다
이제 알 것 같다
저들이 내 시선을 붙잡고
詩의 씨앗을 파종하는 이유를.

가고 없다 그 서정

아파트단지 아이들 놀이터에서
숨바꼭질 놀이가 한참이다
쏜살같이 측백나무 울타리 뒤에
쪼그리고 앉은 계집아이
내 유년의 흑백 서정이다

발꿈치 들고 찾아다니는 술래
제 그늘까지 숨기지 못한 누굴 찾았는지
까르르 허공을 차고 오르는 웃음 번지는 소리에
나뭇잎들 팔랑팔랑 손뼉을 친다

아장대는 손녀 뒤를 따른다
울타리 뒤에 숨은 계집아이 곁을 지나면서
가만히 들여다보니 까무룩
잠이 들었는지 미동이 없다

아이들이 합창하듯 ‘못 찾겠다 꾀꼬리’ 외치며
집으로 돌아갈 시간

유약했던 단발머리 계집아이는
반백이 되어서도 앵두나무 그늘 아래 서면
그때 놓쳐 버린 술래 목소리 듣지 못해
별빛 초롱 따라 터벅터벅 집으로 돌아가던
아련함에 눈자위가 붉어온다.

공감

햇살 새침해진 늦가을
산허리에 걸린 세 평 남짓한 농막에 들었다
밤빛 짙어가는 마당귀에 서면
풀벌레 연주가 절정에 닿아갈 즈음
은하의 별도 쨍그랑 한 끗을 긋는다
문명 속 외진 산촌에 든 고적함에 라디오를 켠다
묵직한 클래식이 잔잔히 흐른다
나는 트로트를 좋아한다
나의 생을 대변해 주는 듯해서 더 좋다
내 봄빛은 발라드를 좋아한다
김광석의 '먼지가 되어' 를 목청 돋우어 불러대는 봄빛에게
"동요를 불러야지" 하면
"작은 가슴은 모두 모두어 시를 써 봐도 모자란 당신…"
이 대목이 아주 좋단다.
시를 쓰는 할미에게 하는 사랑 고백인가 싶어
'나도 너 하늘만큼 사랑해' 하면 못 듣는 척한다
내 詩 한 행이 유행가 한 소절만큼도 못하다는 건가!
그래도 좋다
여섯 살 봄빛과 함께 부를 수 있는 노래가 있어서.

끈

몰아쉬는 숨결을 쫓는
추적자 눈을 피해
위태로운 생명줄 잡고 있다

반생을 우려낸 세월
덩어리째 목에 걸린 숨
산소를 꽂자
헝클어진 매듭이 툭 풀린다

별빛 푸른 밤
허공 한 올 움켜쥔
너를 위해 할 수 있는 건
신께 간곡히 간청하는
기도가 전부다

사경의 침상 끝에
희붐한 미명으로 다가온 빛 부심
다시 피는 아름다운 생의 불꽃.

유서遺書

운구차가 지나갔다
어떤 주검 한 구 떠나는가 보다
생의 누더기 훌훌 벗어놓고
경계 저쪽 별무리 속으로

문득, 죽음을 생각한다
어둠을 끌어안고 원시原始의 방에 들앉아
내 이름을 불러본다
대답이 없다

이제 유폐된 나를 찾아야겠다
본시 누구의 애인도 아니었고
누구의 아내도, 누구의 엄마도
누구의 며느리도 아니었고
갯가에 핀 해당화 홑겹 같은

은은한 향기로 마름질한
유서 한 줄
바다에서 詩를 유혹하는 나는 꽃 같은 여자였다.

2

연두에 들다

봄을 꿈꾸다
입춘에 들다
봄뜰
연두에 들다
오월이 오면
폭우에 들다
노을
바람의 그물
불면에 부치다
산중일기
산중모색山中暮色
폭설
물의 질감
물길의 단상
꽃과 잎의 거리
뜬소문
화사花蛇
정념의 기旗
편두통

봄을 꿈꾸다

긴 시간의 덫을 놓고
지하 벙커에 뿌리 깊은 생명들
칼바람도 의연하게 맞서며 때를 기다렸다

동장군 치하 살얼음판 위로
입춘이 입성했다는 소식에
쿨럭이는 얇은 수묵빛 외투를 걸치고
숨소리 낮춰 지평선의 움직임을 살폈다

세상은 만유인력
내 편을 끌어안기 위해 안간힘을 쓴다
나는 별의 씨앗들을 품고
물기 먹은 바람의 발소리를 들으며
봄의 체온을 따르기로 했다

새 역사를 쓰기 위한 숭고한 정신
은유나 상징 없이 벼린
꽃 글체의 견고한 계절 안으로
산들의 이마에 두른 푸른 잎들이
허공으로 손을 들어 바람을 타전하는
나뭇가지에 다닥다닥 매단
꽃눈의 굳은 의지를 보았다

저편 추위가 동여맨 삶 언저리에
아늘거리며 다가와 안기는
시리도록 눈부신 혁명
봄이다.

입춘에 들다

생강나무 가지 끝
앙다문 입매에서 시작된 화두
숨죽인 날들의 소실점이다

경계를 넘는다는 일이
이처럼 낯설고 엄격한
의식일 터

언어로 적을 수 없는
꽃송아리 보글대는 옹알이가
입춘에 들어서자 내뱉은
기막힌 첫 발설이다

아니다
뼛속까지 시린
노정의 참선 끝에 깨달은
현자賢者의 긴한 말씀들이다.

봄뜰

내 집 작은 뜰에 웃자란 새순들이 푸르다
창문 틈으로 들어온 바람의 걸음이
이곳저곳을 기웃거린다
연둣빛 이파리에 길게 수유하던
햇살 몇 올 분주하다
나의 겨울 안거로 허름했던 무심이
봄의 경전 속으로 발을 내딛으며
생의 풍경 안에서 서성인다
가까운 곳의 경계는 바깥보다 안에 있고
연둣빛으로 변하는 것들의 느낌이
낯설게 느껴져 잠깐 정지되기도 한다
하지만 푸르러 간 표식들이 늘어만 가는 시간
계절은 지상에 푸른 숲을 빠르게 일궈내고 있다
촉을 틔우지 못한 것들은 힘겹다
물기 없이 생명이 지탱하기는 더 힘겹다
세상 모든 것들이 가까운 곳의 잎들로 하여금
깨어나기 시작했다
나는 오랫동안 덮어 두었던 성서
잠언들의 페이지를 서둘러 넘기기 시작했다.

연두에 들다

울렁증을 앓았네
꽃들이 가슴에 불을 지르는 바람에
헛헛해진 마음 배낭에 담고
산에 올랐네
푸르게 번져가며 속삭이는 숲의 밀어들
바위를 타고 떨어지며
물보라를 일으켰네
그 순간,
아련하게 다가왔던 첫사랑이 그리웠네
참꽃 방석 깔아놓은 그날부터
가슴은 숯불처럼 뜨거웠고
사랑은 늘 달콤하게 방황했었네
그날 이후
뛰는 가슴 잠재우지 못했던
불구의 추억에게 답하겠네
내 연둣빛 사랑이 너였었다고.

오월이 오면

어느 해 오월
찔레꽃을 꺾다가 가시에
손톱 밑을 찔렸다
그 후론
찔레꽃이 필 때면 생인손을 앓았다
긴긴 날 욱신거리는 통증으로
동공에 핏발이 섰다
그것이 언제부터 시작되었는지
알 수 없는 그리움 같았고
음악이 깔린 카페에 종일 앉아 기다려도
기척 없는 발소리 같았다
내가 그립다고 말할 때
나도 네가 그리웠었다고 말하지 않는
네가 정말 미웠다
상처만 아물면 되겠지 싶어
연둣빛 연고를 덧바르며 보낸
그 세월 뒤로
바람에 들려오는 말
너는 이미 별이 된 뒤였다.

폭우에 들다

삽시간 지축을 흔들며
빛들을 산란하자
자지러지는 굉음과 화살촉이 문틈을 할퀴며
어둠의 살점을 물어뜯는다

순간 오선을 타는
비의 광상곡이 난폭하게
창문을 두드린다

거세게 쏟아지며
몰아치는 물의 지느러미가
강섶을 차고 오른다

지칠 줄 모르는 우레가 허공을 쪼개고
한바탕 거친 비바람이
나무들의 머리채를 휘감다가
뿌리까지 낚아챈다

묵직한 기류에 휩싸인
강물 수위가 범람하며
마을 어귀까지 허둥대며 달려온다

타협이 통하지 않은
폭풍우 아가미 앞에
무방비의 삶들이 떨고 있다.

노을

다비가 시작되는
일몰 무렵
한 끗을 마감하는
뜨거운 생生!
뭉클하다

눈 안의 우주를 지척에 두고도
나는 오늘도 이르지 못했다

저 고요한 강물 위에
잔물결 일으키며
창공으로 날아오른
물새 한 마리 날개깃에서
풍덩 빠뜨리는
금빛 사리 한 알
붉다.

바람의 그물

1.
그물에 걸린 바람을 본 적 있는가

살풍경 휑한 변방에서
아늘거리는 투명한 그물에
대지가 한 움큼 걸렸다
순간, 우주가 출렁했다
나들목 건너온 나뭇가지 끝에
푸른 정맥 꿈틀거리며 움트는
연둣빛 속살
황홀하다, 봄은 지금

2.
숭숭 뼛속까지 스며든 허기
허공에 쳐놓은 그물 안으로
새떼가 날아왔다 아슬아슬한 착취
새의 지문에
선명하게 묻어 온 바람
내가 걸려들고 말았다, 봄이다.

불면에 부치다

수천 수만의 문장이
꽃으로 만개하는 봄밤
적막보다 무거운 불면 끝에
암고양이 간헐적인 쇳소리가 섬뜩하다

희붐한 달빛 얹힌 밤이 깊어갈수록
툭툭 투신하는 목련꽃 신음 소리
허방만 짚고 온 비릿한 삶의 고샅에서
소리 내어 실컷 울고 싶은 밤이다

입에서 뱉은 말보다
삼키고 삭힌 말도 많지만
타협하고 이해하고 용서하는 일도
혼자 저녁상을 물리는 일도
종일 기척 없는 전화를 기다리는 일도
외롭고 쓸쓸하고 막막하기는 매한가지다

누굴 탓할 일도 없겠지만
나는 누구에게
한번이라도 뜨거운 사람이었는지
후렴처럼 이어가는 비의의 삶
詩 같지도 않은 詩를 붙잡고
눈자위 실핏줄 터져 씀벅이는
잠 없는 밤.

산중일기

세한도 빼곡하게 둘러친 산중
서늘한 고요를 깨치는
수탉 긴 가락만이 내 음성이다

사립문 밀치고 들어온
사면 가득 빛부신
상고대가 내 꽃밭이다

권태로운 하늘 올려다보면
얼비치는 얼굴 하나
허공에 사선 그려놓고 멀어져 가는
무음의 비행기 지나간 자리가
너의 기별이다

하루 그림자 마당에 불러들여
저녁을 닫으면
숲속 적막이 뛰어들어
별빛으로 반짝이고
허공에 걸터앉아
가는 눈매로 웃어주는
초승달만이 내 위안이다.

산중모색山中暮色

인기척 없는 적막이 또 저물어
하루 햇귀 솟았다 스러진다

산정을 향해 엎드린 짐승들
깊은 잠속에 빠져들면
잔등에 부스스 돋아난 갈맷빛 나뭇잎도
숨을 죽이고 어둠을 덮는다

온종일
후렴만 읊어대던 까마귀 한 쌍
제 둥지로 돌아가고
하늘에 별이 총총 박히면
앞다퉈 초롱 하나씩 내거는데

물보라도 일지 않은
은하의 기슭에서
소쩍새가 밤새워 들려주는 메아리 껴안고
꿈의 영토를 넓히는 중이다.

폭설

절박한 현실 도피를 위한 짐을 꾸렸다
마음속의 마음이 흔들리는 엄동
수포처럼 부풀어 오르다 터진
지루한 삶의 각질 벗고 싶었다
자유를 위한 이 사소하고도 보잘것없는 위무가
뭉클하게 해 줄 수도 있겠다 싶은 발칙한 일탈
함박눈이 퍼붓기 시작했다
바다에 가 닿으면 서슬 감친 감정
거센 파도와 맞붙어 볼 참이었다
위태로운 고갯길을 넘어서자 바리게이트가 쳐지고
점령군이 된 눈의 나라에 갇힌 채
혼미한 잠속에서 두려움에 떨어야 했다
문명으로 이어지는 먼 길 대책이 없다
내 생이 열린 이래 장문의 꽃 문자
멈추지 않고 보내온 신의 한 수 앞에
무릎 꿇어 간절함을 호소하는 나약한 탕자
당신의 슬하 벗어나지 못한.

물의 질감

강섶 벤치에 앉아
매지구름 주무르다
바람의 알갱이가 되어
꽃이파리에 넋두리하지
사선으로 내리치는 빗방울들이
유리창에 부딪혀 혼절하여
나무 물관을 타고
습윤의 질감으로 나긋나긋
푸른 문장을 표절하곤 하지
소유할 수 없는 소리 소리들이
허공에서 뒤척이다가
눅진한 詩의 씨앗을 흩어놓기도 하지
바닥까지 갈라진 내 안의 물꼬에
한 댓새 비라도 흠뻑 내려주면
다문다문 뿌려놓은
새싹이라도 틔울 텐데.

물길의 단상

새벽 는개가
비릿한 강물을 쓸어내고 있다
망연히 감겨드는 고요
속삭이듯 들리는 소리가
물길이 여미는 유려함이었다니

갈대의 벼린 서슬도
한낱 생의 가면에 불과했다니

저녁이 와서 물길 가두고
봄볕 같은 잠에 빠진
노곤한 어린 물새들이 깃든
어미의 죽지가 따스한 숨결이었다니

눈물 콧물 다 훔치며
아득한 세월 허기지게 달려와
넉넉하게 내어주신 생명수
그 청량함이었다니.

꽃과 잎의 거리

1.
용천사 산문 밖
도드라진 불덩이 한 채씩
지극하게 올려놓고
몸살 앓는 저 꽃
핏빛 같은 꽃
피우지 말아야 했어

화인처럼 가슴에 박혀
뼛속까지 감치는 사랑
하지 말아야 했어

화려한 불임 뒤
퇴락한 여인의 집터에
푸르스름하게 깔리는 달빛
더는 품지 말아야 했어.

2.

생을 다하여 온전하게 드렸을
기다림을 보았다

이루지 못한 사랑이 저토록 아픈가
가슴에 멍이 들도록
저리도 애가 타는가

저 혼자 절정을 치닫다가
추한 꽃자리 남긴 터에
서슬만 웃자란
날선 이파리들 서늘하다.

뜬소문

산벚꽃 환한 그늘에 서면
입속에서 궁싯거리는
고인 말들이 가렵다
은하가 우수수 쏟아질 것만 같은
몽골 밤하늘 아래서
종일 쏘다니다 돌아온
게르에 사는 여자가 그랬다
꽃들 난만한 초원에서
종마 오줌 냄새가
눈 밝은 바람의 등에 실려 오면
암말들이 풀을 뜯다가도
먼 하늘 바라보며
히죽히죽 웃는다고
봄은 시방 사방을 누비며
발정 난 소문만 퍼뜨리고 다닌다고.

화사花蛇

일필휘지 흘림체
날렵한 붓끝에서
인간을 능멸하는 관능의 몸짓
오싹하다

쭉 빠진 몸뚱이
갈라진 혀끝 날름거리며
여인을 꾀이던 저 사악한 혀
평생을 땅바닥 훑으며
오체투지 행하지만
면죄받을 수 없는 원죄

풀숲에 똬리 틀고 참선에 들어도
영원히 씻을 수 없는 천형
장신에 새긴 타투의 정교함에
몸서리치다 되돌아보는
끊을 수 없는 저 화려한 유혹.

정념의 기旗

어서 오너라
맞불 놓듯 타올라라
내 정수리를 쪼아대며
자글거리는 한낮
핏발선 눈빛으로
잉걸불 지피다가
혓바닥 늘어뜨린 초목들 사이에서
숨죽여 수음하듯 바스락거리는
벌거숭이 바람
위태로운 폭염의 교태에
안달 난 몸뚱어리 신열로 지피는가
아,
뜨겁게 쏟아붓는 저 발광.

편두통

유독 햇볕 쨍쨍한 날이면
그 절정에서
오색딱따구리 한 마리
내 왼쪽 이마에 둥지를 튼다
게보린 두어 알로 달래보지만
곤궁한 내게는 맹목적이다
종일 머리 싸매고 누워 달래보지만
타협 없는 얄궂은 투정
딱, 딱, 따닥 따, 그, 르, 르, 르
금방이라도 터질 것 같은 위협, 공포다.

한 권의 장서

3

따뜻한 저녁

한 권의 장서

내 손바닥은 장서藏書다
생의 단면에서 시작되는 구절양장
난해한 문장 빼곡히 적힌
페이지를 넘길 때면
숨이 컥 막히고, 하늘이 노랗다
누가 어지러운 무늬
내 손바닥에 낙인처럼 그어 놓았을까
이력서에 적을 행적이라곤
현모양처 한 줄뿐
허튼짓 하고 싶지 않은데
세상은 바람 들게 부추겨 놓고
모진 여자라고 카악, 침을 뱉는다
촉을 잠재우고 있는 시간
기 센 운명이라 치부하고 싶은데
음전한 여자라 한다

이제는 피할 수 없는 마파람 사이를 지날 때
가슴에 맺힌 詩의 조각들 날카롭게 벼려야 한다
절정을 치닫는 갈맷빛이 아니라도
잉걸 속 초록 불꽃같이
강건하고 유려하게 써내려 갈
한 권의 나의 장서.

먼길

잠시 온 것 같은데 멀리 와 있다
내가 나로 돌아가기에는 아득한
긴 시간 길 위에서 살았다
누가 말해 주지 않아도
그것이 생生이라는 것을 알았을 때
소름이 돋았다
턱까지 올라오는 숨 내리쉬며
산동네 담과 담 사이가 힘에 부쳐도
경계에다 꽃을 피우는 사람들의 질긴 시간
그것이 미래일 거라 여겼다
생각은 높은 곳에 두고
늘 제자리 맴돌다
길 한가운데 서성이는 나여!
허둥거리다 가누지 못한 시간들
뼈아픈 형벌이다
돌아가기엔 너무 먼 길
그래도 나는 내가 그립다
꽤 오랜 시간.

따뜻한 저녁

어제가 오늘이듯
몽상 끝에 마침표를 찍다가도
동여맨 매듭 쉽게 풀 수 없어
사랑 한 채 융숭히 받들고 있다

삶이란 자서 앞에
편집할 수 없는 분심
무던히 쓸어내려도 각진 여백
둥글게 적어가며 살아가는 것이다

하늘을 공손하게 받드는 건 순명이고
땅을 겸허하게 지키는 건 숙명이라
일러준 가르침 있어
듬직한 산 하나 굳게 믿으며
주어진 길 가는 것이다

예고도 없는 비바람이 친다
축축하게 섞은 마음 정류장에 닿자
눈길 앞세워 기다리는 당신
참 따뜻한 저녁이다.

하루

서서히 가라앉기 위한
의식을 치르는 노을 앞에 서면
장엄한 하루를 다비하듯
길게 늘어선 구름라마 게송이 지극하다
거세게 타오르던 불길 사그라지고
사위에 어스름한 장막이 내리면
너는 빈 거처로 돌아가고
하늘에 총총 별로 돋는다
광활한 평원에 달빛을 깔고
네 곁에 팔짱을 끼고 서서
가난보다 더 남루한 발길로 서성이다
불현듯 일생이 된 하루 끝에서
비로소 보이는 명료해진 삶.

섬

지하철 환승역 러시아워
인파에 떠밀리다가
순간, 방향을 잃어버린 나는
길 위의 섬이다

지칠 줄 모르는 발길들이
여울목을 건너
삶을 짓기 위해 떠나가는
공명의 중심에서 표류하는 섬이다

어지러운 세기의 급류를 타고
굽이 닳은 신발을 신고
익숙하던 인력을 지탱하며
밀물과 썰물이 교차하던 길

발목이 정지된
그 망각의 어디쯤에서
막막함과 씁쓸함에 잡혀
천천히 천천히
잠식당하는 고독한 섬.

봄의 가슴으로

저토록 강해지고 싶었다
침묵의 강을 건너와
따스한 기운으로 여는

연둣빛 보드라움 지니고 싶었다
수려한 산 숲을 펼쳐놓고
은유를 머금은 채
마음이 닫힌 사람들에게
가없는 풀빛 사랑 나누고 싶었다

해 뜨고 해 지는 바닷가에서
잘못 쓴 시간과 잘못 적은 낙서
다 지우고
새로운 나날을 맞이하고 싶었다

사람아 아느냐
우리도 처음엔 맨몸이었다가
초봄 반짝이는 햇살이었다가
봄의 공터였다가
새싹을 키우는 대지였느니

팍팍한 먼 길 헤치고 돌아와
단단한 씨앗을 품는
봄의 가슴으로.

봄

부산하여라
저 바람 이미 당도했다
되돌아와 반짝이는
원시의 의상을 보아라

설렘이어라
한 번도 거스르지 않은 약속
착한 어깨를 맞대고 틔우는
찬란한 꽃들의 몸짓과
귀뿌리에 스며드는 새들 지저귀는
소리의 의상을 보아라

내 작은 뜰에 어린 나무를 심고
햇빛 사이로 푸르러 간 숲의
정갈한 겸허함을 배우리니.

봄을 읽다

온몸으로 추위를 맞서던 빈 들판
한 평도 덮어 주지 못하고
골방에서 뒹굴다가
삶 저쪽에서 보내온 기별 반가워
길을 나섰다

손 내밀면 잡힐 듯한 아지랑이 떼
와락 안겼다 흩어진 자리
나뭇가지에 다닥다닥 꽃체로 적어 놓은
명징한 향기 눈물겹다

막막한 빈칸마다
얼마나 긴 시간 공글려 버렸으면
은유나 상징 없는 깊은 문장
빼곡하게 적힌 행간에서
밑줄 그어 돌아온 저녁

거침없이 쏟아내는
진솔한 베스트셀러 펴들고
눈 부비며 봄을 읽는다.

봄을 쓰다

빈 원고지 펼쳐놓고
긴 겨울 권태롭게 보내다가
봄이란 제목 적어두고
사운거리는 명지바람 따라 길을 나섰다

새 계절이 열리는 지구 한모퉁이에
상징이나 은유 하나 보태지 않고
봄볕이 풀어놓은 원색의 문장
나는 그만 현기증을 느낀다

얼마나 길고 긴 시간을 벼리었으면
저리도 슬픈 상처들
둥글고 환하게 구절구절 엮었을까

온종일 흙먼지 일으키며
꽃그늘 기웃거리다 돌아온 저녁
머릿결에 붙어온 꽃잎으로 시를 쓴다
오자 하나 없이 탈고한 봄
완벽한 풍경이다.

무소유無所有

막다른 골목 끝
빈손으로 돌아온 저녁엔
밤새 골방에 들앉아
너덜너덜 닳아진 책장을 넘기며
텅 빈 충만을 읽는다
경전도 아포리즘도 아닌
마르지 않은 샘물 같은 한 권의 양서
각지거나 혹은 휜 잔상殘像들이
헐어서 곪은 상처가 깊어질 때면
둥긂 위에 드문드문 옹이진
내 아둔함을 들춰낸다
사소한 일까지도 촘촘하게 엮어놓고
열반한 노승의 일상을 배우는 즐거움
진정한 진리란 비워야 얻는 법
진창에서 허둥대다
벽을 보고 있는 사람아
눈 뜨지 마라
무작정 행장行裝을 꾸리는 하루도
빈손이다.

선운사 동백

선운산 가는 길
산도 물도 연초록빛
계곡물의 등을 타고 거슬러 오르다가
선운사에 들었다
산자락 휘감고 앉은 대웅전 앞에
민낯을 하고 서성이다가
빼꼼히 열린 문틈으로 보았다
몸가짐 가지런히 하고 부처님 앞에 엎드려
오래 흐느끼는 여인의 적막이 아리다
나는 그저 숨죽이고 침을 삼켰을 뿐인데
그 긴 파장의 고요가 전이된 듯
방치된 눈물을 떨구자
목덜미를 쓸어내린 바람이 등을 떠민다

무심한 대낮
검푸른 동백 숲 그늘 아래 섰다
안팎으로 툭툭 붉어진 옹이
늙은 나무 겨드랑이에 피었다가
숨 놓고 오롯이 떨어진 꽃을 본다
누구를 위한 기도인가
각혈하듯 벌건 순례 끝에
누워서 읊는 꽃보살의 간절한 독경소리
사원 위에 덩그렇게 낮달로 떠 있다.

적멸궁에 들다

저 무구한
석벽 난간이라도 타지 않으면
정토에 가 닿을 수 없을까

태백산 정암사 적멸보궁 드는 길
인줏빛 벽화처럼 타오른 담쟁이가
기도의 절정이다

수마노 탑돌이 한 걸음 한 걸음
그지없이 지극한 정성 들여 보지만
해넘이 꼬리를 밟을 때까지도
사그라지지 않은 분심

일주문 나오기 전 해우소에 들어
욕망의 헛것들 죄다 비우고 나니
적멸궁 따로 없습디다.

촛불 타오르듯

진흙 속 맨발인 채
물의 등피 밟고
허공을 밀어 수굿하게
진골眞骨의 궁전을 여는 그대는
여름 아침 성불한 샤머니즘이다

짙푸른 물풀을 뚫고 스미는
이명 속 한 줄의 경구警句이다

물안개 휘감기는 연못
부표처럼 떠돌다 삼킨 절규 아래
촛불 타오르듯 살며시 피어나
빛과 향기로 세상을 밝히는 환청

빈 가슴으로
가뿐하게 살라고
허둥대지 말라고
사운거리는 발소리 다독이는
초연한 꽃, 연꽃.

북소리

저벅거리던 하루해가
숨 가쁘게 서녘에 닿아갈 즈음
낯선 산문山門에 들었다
둥둥 두둥둥
예불을 알리는 비구승의 법고 소리
그 원력에서 만들어지는
둥근 무늬 발원들이
겁迲을 두드리며
층계를 오르는 소리로 가득하다
한 생을 위무하듯 사는 일도
연꽃 심장에 향을 올리고
제 몸 헐어 기도의 탑에 각인하는 일
나는 귀먹고 눈먼 중생
고수의 손끝에서 파랑 일으키며
가슴 후려치는 소리의 끝을 잡는다
둥둥 두둥둥
어슴푸레 눈과 귀가 열리고
나는 정토를 향해 가는 탁발승이 되어
꿈길 가듯 산문 밖을 나선다.

고도古都의 묵시록默示錄

허리 굽혀 왕을 알현하는
금오산 도래솔 곁에 서면
깊은 숨 재워 놓은
세월의 적요가 깊디깊다

수없이 갈래진 에움길 올라
지극하게 쌓아올린 사람들의 간절함이
돌 속에 잠든 천년을 깨우지만
불佛이 생生인지 생이 불인지
부처는 목이 없다

이름 없는 석공은 몸을 헐어
마애불 미소를 그리다가
화엄 속으로 들어가고

산기슭마다
고도의 묵시록인 양
진득하게 남아
속인들의 발길 불러세우는
경주 남산 석불의 족적.

수종사에 들다

수막새 눈물에 젖는 날
욕망에게 뻗은 마음의 가지 잘라내고
삼정헌 부도 곁에서, 화엄의 미소를 본다

법열에 든 은행나무 아래 서면
할~ 하시는 옛 선승의
죽비 소리

미욱한 내 마음
자비로운 불佛 앞에 두 손 모우자
화두 없이 다가온 솔숲 바람에
사하촌 가득한 풍경 소리 은은하다.

나마스떼

달빛 어둑한 안산 공단
허름한 컨테이너 막사에서
안나푸르나 시원
룽다와 타르초가 나부끼는 고원을 떠올린다
천길 크레바스보다 더 깊은 상처 안고
까만 동공에 담긴 비애가
에베레스트 영봉을 하산하다 설산에 묻힌
어느 산악인의 영혼을 떠올린다
하루 중 가장 깊은 시간 가운데
잠 못 이루는 밤이면 왜솜다리 꺾어들고
오빠를 기다리는 앳된 누이 이름을 부르다가
까무룩 잠 속에서 프레스에 눌려 잃어버린
손목을 찾아 해매이다가 내일을 꿈꾸는 큰 눈의 타스카
너를 위해 기도하리
마차푸차레 사원에 들어
마니차를 돌리는 네 어미의 심정으로
나마스떼 나마스떼.

詩, 너를 위해

낯선 문장에 방화를 일삼는 나는
너를 추종하는 음모자
아니, 영토를 넓히려고
백야의 땅을 누비는
한 마리
독성 강한 야수다

그러나 느긋하게 즐기는
한끼 식사 값으로는 터무니없는
너를 향한 충심은
빈곤한 나의 식욕마저 억제하고
혈투를 자행하는 기소유예자다

사막의 야생이기를 자처하며
손끝에 피가 맺힐지라도
사구에 때때로
창백한 너의 씨앗을 뿌린다

밤마다 횃불 켜들고
아침이 오고 내일 또 내일이 밝기까지
너를 향한 반란을 멈추지 않겠다.

마음

알 수 없습니다

평생을 유심히 들여다봐도 보이지 않는 깊이
오르고 올라도 오르지 못한 높이
두 팔 벌려 안으려 해도 안기지 않은 넓이
생을 다해 애를 쓴다 해도
끝끝내 알 수 없는 게 마음입니다

정성 다해 섬겨도
겸손을 다해 낮아져도
한마음 뜨겁게 사랑해도
끝끝내 차지할 수 없는 게 마음입니다

당신을 사랑한다는 말도
당신을 존경한다는 말도
늘 그 자리에 있겠다는 말도
참인 줄 알았습니다

누가 함부로
사람의 마음을 다 안다고 합디까?
나도 내 마음을 알 수 없는데
당신은 당신의 마음을 다 아십니까?

다짐

세밑
낮은 자리에서 살라 하는
하얀 말씀들로 소복하다

밤새 쌓인 눈발이
무릎까지 차오른 골목길에
직선으로 난 숫 발자국
성채를 지니신 그분이
지상에 잠깐 다녀가셨나 보다

송년 즈음에는
팽팽한 긴장 속
몸가짐도 정갈하게 여미고
마음속에 묻어 둔 회한도 털어내고
어제보다 더 단단한 오늘
여문 씨앗을 갈무리해야지

하루를 적어놓고
무릎 꿇어 기도하며
온유의 빛으로 다가서서
꿈의 파종을 준비해야지.

한 권의 장서

4

새의 지문

새의 지문

사라진 것들이 마법처럼 돌아온
선사의 땅 암사동 유적지에 들었다
언제부터 따라왔는지 삽시간
물비늘 달고 온 소나기가 폭포처럼
움집 기스락 타고 흘러 공원 마당을 쓸어내린다
새 발자국 지문이 음각된 휴지통을 적셔놓고서
길 건너 저쪽 사람들의 도시에도
정오를 비껴선 볕살 위로
우렁우렁 천둥과 번개가 불칼을 휘두르며
절정을 치닫는 칸나 꽃잎들을 찢어 놓았다
오수의 꿈결인 듯
지나가는 먹구름 발치를 비껴선 8월의 태양이
다시 집요하게 내리쬈다
후줄근한 바짓단을 말아올리고
전시관으로 들어섰다
원시의 셈법을 모르는 나는
수천 년 동안 토기에 깃들어 숨 재우며
새들이 총총 찍어 놓은 지문을 탐색하다가
오만한 망상을 거두고 발소리 죽여 그곳을 나왔다
21세기 현란함 속 원시의 치열했던 삶을 엿보면서.

목섬

– 청산도 1

요동치는 파도의 사슬들이
죽을힘 다해 밀고 당기다가
떼로 밀려와 목섬을 와락 덮치는 날이면
바다는 갯바위에 소금 꽃 피워 놓고
검푸른 제 속의 깊이만 들여다보았다

수평선 아득한 벼랑
볼라벤이 할퀴고 간 자리마다
장승이 된 고사목
굽힐 줄 모르는 하얀 고집이
꼿꼿이 솟아 있었다

섬의 하루는 길었다
해국이 피었다 시들해질 즈음
먼 바다 집어등 자지러지게 붉었다

그 사이 목청 높인 파도의 혀들이
새 모가지 삼싸안고
피 토하듯 질러대는 서편제 가락
밤 으슥하도록 그치지 않았다.

초분

– 청산도 2

청산도 당리 언덕 아래
이엉을 덮어놓은 초분이 햇빛에 바래 있었다
산 자와 죽은 자의 거리가 지척인
먼 바다가 보이는 돌담에 걸터앉아
머리칼 산발한 채
긴 울음을 놓지 못한 여자
한쪽 죽지를 잃은 작은 새인 듯했다
바다는 영문을 모른 채
물주름 위에
윤슬만 잔뜩 슬어놓고 빛을 산란하고 있었다
언제부터 시작된 걸음인가
허공에 두둥실 떠오른 꽃상여가
성근 상두꾼들의 어깨를 타고
만가를 들으며
언덕을 천천히 밀어올리며 다가오고 있었다.

무섬에 들어

영주 무섬마을에 들었다
물길 굽이쳐 흐르는 내성천
외나무다리를 건넜다
곡선의 유연함을 지닌 채

맞은편에서 다가오는 성큼한 보폭
어슷하게 비켜가는
어느 유생의 도포자락을 스치는 순간
내 정념의 도화선이 수선거리기 시작했다
생애 단 한번이라도
진심을 다해 누굴 사랑해 본 적 없는 풋가슴
방망이질만 하다가
백사장 섶에 핀 양귀비 꽃무리에
달뜬 마음만 벌겋게 흔들리고
뒤 한 번 돌아보지 않고
무심하게 가는 사람
물그림자 위로 첨벙첨벙 뛰어드는
날선 기침소리만
카랑카랑 흐르고 있었다.

푸른 내력

겨울 숲에 들었다
적요를 지키는 침엽들
까칠한 갈증이 보인다
나무 둥치에 툭툭 붉어진 맨발의 힘줄에서
고단함이 드러난다
가시나무 한 그루 가슴에 품고
베이비시터 하는 친구 민자
가슴속 불덩이 한숨으로 삭히고
실직한 지 반년이 지난 아랫집 청년
인력시장에서 허탕치고 돌아온 날이면
산에 올라 너럭바위에 햇볕을 덮고 누워
철모르고 흐르는 구름 한 움큼 퍼서
빈속을 채우다가
바위틈에 뿌리내린 침엽들과
한 풍경이 되곤 한다
생살 에이는 가슴앓이
올곧게 벼린 생존의 숲에서
햇살도 촉을 세워 내력을 지키며
푸른 꿈을 키운다.

생의 이분법

이 엄동嚴冬에
비상을 꿈꾸는 당신, 또 헛발질이다
가난이 죄일 수밖에 없는 무요일
전화기 너머에서 몰아치는 빚 독촉에
추락한 이카루스 참담하다
무한증식 꿈꾸다가
욕망의 꼭지점에서 추락한 굴신의 세월
폼이란 폼 다 잡아봤지만
역시, 돈金 폼이 최고다
하지만 어제도 그랬고 오늘도 그랬다
지구 한모퉁이 봄볕 이랑에
파종을 준비하는 사람아
한두 번쯤 넘어지고 자빠지지 않았던 사람
얼마나 있겠는가
패배자의 밑천은 희망인 것을.

시치미 떼고 싶다

협곡열차가 그 환한 빛들을 싣고
곧은길을 지나 굽이진 길을
회오리처럼 훑고 지나갔다
철길을 끼고 사는 고적한 댓돌 한켠에
늙은 호박덩이들이 모여앉아
햇살을 펴들고 오물거리고 있다
들끓던 소음도, 뜨겁던 욕망도 떠나가며
흔들리는 것들의 걱정이 들린다
자작나무 숲을 지나 산길에 접어들자
바람의 등을 타고 하얗게 질린 억새꽃
한 움큼 꺾어와 질항아리에 꽂아놓고
머리를 까맣게 물들였다
가붓해진 마음으로 거울 앞에 서자
눈가에 접혀 있는 주름들이 누렇게 떠서
바스러질 것같이 푸석하다
이 모든 현실에 닿아 있는 내게
상속되어진 시간들은 얼마쯤 남았을까!
조물주도 모르게 한 오십 년 훔쳐
태엽 풀려가는 벽시계에 숨겨두고
시치미 뚝 떼고 싶다.

결빙結氷

오랜 시간
무거운 형벌을 앓고 있는
강물의 시원을 찾아 거슬러 가봐야겠다
견고한 물의 뼈 위로
시퍼렇게 벼린 긴 겨울
함박눈이 소복이 내린다
세찬 바람이 휘청이는 강섶에
지난가을 알맹이 다 떠나보내고 옹송거리는
앙상한 갈대의 맨발이 안쓰럽다
강물 위로 희끗하게 난 절개지에서
변온의 이방인처럼 숨소리 낮춘 물길
쉽게 풀리지 않은
계절의 그림자마저 숨어 버린 엄동
양지녘에 홀로 앉아
벤치의 체온을 올리는 야윈 햇볕.

모노라마

그녀가
꽃의 체온을 올리는 부산함에
널 끌어들였어

너만 믿는다 해놓고
습관처럼 동문서답하는
나를 매몰차게 내쳤어

지병으로 도지는 고독과 맞서다가
우울의 절벽에 서면
뛰어내릴까? 아니야 아직은
당차게 살아야 할 삶이
또 다른 이유가 되었어

너와의 결별은 있을 수 없는 일
아무리 부정한다 해도 결국
너는 나일 수밖에 없잖아

달빛 깔린 벤치에 앉아
말문을 준비하는 꽃들에게
내가 나를 얼마나 사랑하는지
고백하겠어.

유효 기간

냉장고 안을 청소하다가
부각을 한 봉지 내다버렸다

밥상을 차리다 말고
부각이 아니라
혹여 나를 버린 게 아닌가
가슴이 두근거렸다

급한 마음으로
설거지를 마치고
쓰레기통 속을 뒤적거렸다

어둑하고 눅눅한 통 속에
유효 기간이 남은 봉지 속
한 여인이 오두마니 앉아 있다

여인을 보듬고
부엌 가스레인지에 불을 켠다
집안 가득 바다 냄새가 밀려온다

청정 해역 가운데서
조업을 알리는 깃발이 나부낀다.

그럼에도

재개발 단지 후미진 곳
산처럼 쌓여가는 쓰레기 더미에서
짱짱하게 털을 세운 길냥이들 난장판이다
틈없이 여러 마리가 할퀴어대는 공격에
수고양이 필사적으로 싸우다가
끝내 붉은 울음만 떨구며 사라져 가는 비루함이란!
세상은 늘 그랬다
사방 덫을 놓고 싸우는 알량한 권력
거짓과 위선 앞에 캄캄한 생계의 터전에서 내몰린
허기진 사람들의 날선 눈빛과
무너지는 한숨소리가 난무한 현실
가진 자들의 욕망이 진리인 듯
건듯하면 되풀이되는 만행
구직을 못한 사람들이 아침부터 골목 슈퍼 앞에 모여
막걸리 사발 부딪치다 흰소리 해대며
피 터지는 멱살잡이도 한 풍경 한다

허물어져 가는 연립주택에 들어선 지도 몇 해
여기저기 '재개발 승인 완료' 라는 깃발이
찢겨져 바람에 나부낀다
그럼에도 오늘
누가 또 세들어 왔는지
어둠을 치며 못 박는 소리가
골목까지 뛰어나와 쾅쾅 짖어댄다.

응시凝視

병실 창가에 걸린 아스라한 서녘
큰 날개를 펼친 노을을 응시하는 여자
서서히 밀려오는 통증을 참느라 안간힘을 쓴다
하얀 목련꽃 닮은 그녀 곁에서 나는 멀거니 앉아
푸석했던 우리의 날들을 떠올린다
생의 고비를 여러 번 넘겼던 그녀
움푹 패인 동공에 허공만 가득 차 있다
반생을 넘어온 그녀가
병동 침상에 세든 지 몇 날이 지났다
그녀가 잠든 사이 가슴에 그어진 메스
촘촘하게 감쳐놓은 실밥들을 본다
울컥 치미는 가슴을 안고 숨죽여 운다
그녀의 힘없는 손이 내 손을 잡는다

고개를 돌린 채 그녀의 입가에서 새어나온
희미한 신음 자락을 붙잡고
숙아, 이제 쿵쾅거리는 어제는 없다
내일은 더 평온한 맥박 소리 들을 수 있을 테니…
몇 날이 지나고
퇴원이라는 계좌로 희망이 이체되기 시작했다
우주 뒷덜미를 오래도록 응시하는
그녀의 이마가 환하다.

소멸의 아름다움

모딜리아니
목을 타고 오른
회색 연기가
만장의 깃발로 펄럭인다

웃고 있는 영정 속
너의 선한 눈빛과
작별하며
내 목구멍에 걸린
울음이여

서러워 말자
하늘로 하늘로 비상하는
저 아름다운 소멸
별빛으로
찬란하게 떠오를 테니.

길을 묻다

가을 밤
내 지혜의 숲이 빈곤하여
책을 폅니다

섬돌 아래 그 어디쯤에서
감나무 우듬지에 걸린
달빛 아래서
밤새워 낭랑하게 들려주는
귀뚜라미 책 읽는 소리

몇 구절 받아 적어 놓고
길을 묻습니다.

우리는 지금

우리는 지금이 절정이다
탯줄 묻어 둔 그곳이
오죽이나 그리우면
오일장터 선술집에 둘러앉아
농주 사발 부딪치며
밤 깊도록 트로트 가락에 발장단 칠까

씹을수록 쿰쿰하고 달근하고
알싸한 홍어삼합 안주삼아
추억까지 불콰해진 어름에서
첫사랑이 너였었다는 달달한 고백에
중년의 소녀들 마음 다 데겠다

아무리 세상 품이 넓다한들
고향마을 동구 밖 정자 그늘에 비할까
청보리 밭고랑 너머 강진만 갯바람 맞고 핀
교정의 목련꽃잎에 또박또박 적어 보낸 연서
가슴 부풀던 그 아름다운 추억 꺼내놓고

살가운 마음들 옹기종기 모여앉아
명주바람 귓불에 살짝만 닿아도
무작정 흔들리고 말
우리는 지금이 절정이다.

부메랑

간짓대 하나면 족히 걸리고 말
문희 마을 골짜기에 들어
목청 높여
희자야 사랑해 하면
금세 돌아와 가슴에 박히는
큐피드 화살

살다가, 살다가
마음 뜨겁거나 시릴 때
빈 몸, 텅 빈 마음으로 달려가
외쳐 보시라
가감 없이 돌아와 안기는
네가 아닌 내가 거기 있으니.

광장에서

종일 비가 내린다
국경일도 기념일도 아닌 무일 무시
수없는 태극기가 광장에서 흩날리고
밤이면 촛불이 어둠을 태운다

누가 누구를 위한 정쟁인가
모호한 함성만 허공을 향해 치닫고
뭉치면 무기가 되고
흩어지면 무력의 나락이 되는
마음들만 분분하다

정의가 잠적된 지 오래
자유와 인권을 외치던 민주주의
이제 누가 그 멍에를 질 것인가
이 시대의 선한 양심은 누구의 것인가
광장에는 모두가 성자인 듯
궂은비만 내린다.

무궁화 피다

저마다 꽃으로 피어
두릿거리는 오천만 송이 촉수들
흰빛 보랏빛 환하다

장대비 쏟아져
천둥 째고 지둥 쳐도
시들지 않은 민족의 결기

그대 본성 드러낸 꽃말 '일편단심'

하나로 뭉쳐 뜨겁게 일어서는 빛
가끔 촛불로, 때로 횃불로 솟아올라
한라에서 백두까지 번져가는
우리 꽃 무궁화
온 누리가 환하다.

기억하라, 조선의 딸

한 서린 역사 속에 묻혔다 해도
이 여인을 두고 함부로
적선의 눈물 보이지 마라
망국의 불모로 갔던
뼈저린 삶이 휘어질까 두렵다

그악한 왜놈들 칼날 앞에서
끓어오르던 분노 삭히며
요망진 잇자국은 오로지 고국을 향한
의연한 자존이었다

사방을 둘러봐도
마음 둘 곳 없는 불모지에
계절마다 꽃은 피고
풀벌레 소리 여전히 청량하고
잎이 피었다 졌지만
적지의 삶은 늘
천만근 가위눌린 악몽이었다

한마디 대항조차 할 수 없고
가슴에 박힌 가시 하나 뽑아 주는 이 없는
너울 이는 섬 속의 섬이 되어
무궁화 홑겹 같은 신부 덕혜

질곡의 모성마저 외면당해
정신병원 독방에 우그려 앉아
눈물마저 쇠잔했던 그녀가 돌아왔다
조국 땅 들여놓을 발길조차 수월치 않던
열네 살 앳된 옹주가
삼십칠 년 귀양에서 벗어나
성치 않은 몸을 끌고 낙선재에 들었다

아기씨 옹주여
평온한 꿈길에서라도 비단 당의 갖춰 입고
아바마마 등에 업혀 재롱도 부려보고
종이비행기 접어 창 너머로 날려도 보고
양귀인 손잡고 부용정 물빛에
영민하고 순전했던 마음도 비춰 보소서

여인 덕혜여
낙선재 뒤뜰에 핀 꽃길 걷다가
천둥번개 뒤에 쏟아지는 장대비에 비단옷 흠뻑
젖어도 보고, 비 개인 맑은 하늘 뭉게구름에
마음도 두둥실 띄워도 보고
노을빛에 응어리 풀어놓고 목놓아 울어도 보소서

조선의 옹주여
솔숲 푸르른 홍유릉에서
지천명을 안고
여름이면 솔바람으로
가을이면 오색 단풍으로
겨울이면 순백의 서설로
봄이면 능라금의 꽃으로 피어나소서!

해설

남도의 정한과 여성의 우수를 현대적 서정으로 승화한 시

– 손희자 시인의 제3시집 《한 권의 장서》에 부쳐 –

김 종 섭 (시인, 전 한국문협 부이사장)

1. 서언

2001년에 시로, 2005년에 수필로 등단한 현초 손희자 시인은 2005년에 시집 《가끔 꽃물이 스민다》, 2008년에 《그 외딴집》을 발간한 중견 시인이다. 문단활동을 보면, 한국문협 중랑지부 부회장, 한국문협 남양주지부 사무국장, 사임당문학회 부회장을 거쳐 현재 회장을 맡고 있다. 또 〈바림〉 시동인을 거쳐 현재는 〈벼리〉 시동인회 회장으로 활약하고 있다. 그리고 시낭송가로 남양주 문예대학과 부천 평생학습관에서 시와 낭송 특강을 하며 각종 행사에서 활약 중이다. 이 결과, 경기도문학상, 포스트모던 작품상, 사임당문학상, 중랑문학상 등을 수상했다.

굳이 서두에 시인의 약력을 살펴본 것은, 이들이 시인의 작품 전모를 조망하는 근간이고 토양이며, 이를 통하여 시력의 날줄과

씨줄이 얼마나 견실하고 다채로운가를 알 수 있기 때문이다. 이로 미루어 볼 때 손 시인은 묵묵히, 꾸준히 시의 내공을 다져왔음을 짐작하게 한다.

두 번째 시집을 상재하고 11년 만에 선보이는 이번 시집 《한 권의 장서》에는 그동안 발표한 작품 가운데 77편을 선정하여 주제에 따라 4부로 분류하였다. 1부에는 고향, 어머니, 친구 등 원초적 그리움을 다룬 19편, 2부에는 감각적이고 본원적인 순수서정을 주제로 한 19편이 담겨 있다. 3부에는 자아의 정체성을 탐색해 가는 시적화자의 범신론적 세계관이 표출된 20편, 4부에는 자연이나 여정, 삶의 현장에서 만나는 생존의 모습들을 다룬 19편의 시가 어울려 있다.

이처럼 손희자 시인의 시세계는 다양한 소재들과 다채로운 주제로 그려져, 그의 광범하고 심오한 시의 지평이 한층 더 성숙하고 확장되어 있음을 예단케 한다. 그러면 손 시인의 시가 초기의 모습과 성장한 지금의 모습이 어떻게 변모했는지 실제적인 내면세계를 살펴보자.

2. 영원한 그리움, 고향과 어머니

가난했던 앙가슴 안은 채
강진에 간다
나 떠나올 때 눈물 감추던

당신의 모습 품에 안고

내 유년을 수유하고도
늙을 줄 모르는 앞산 능선과
지독한 그리움들 마시러 간다

잊고 지내던 구수한 사투리
허기져 지친 내 모습 보듬고
장독대 곁에서 분꽃으로 손짓하는
어머니의 음성 들으러 간다

지금도 푸짐한 건 하늘이어서
도래솔 허리 굽은
아버지 봉분 곁에 앉아
질펀한 육자배기 들으러 간다

내 고향 강진에 간다.

– 〈고향〉 전문

'어머니'와 '고향', 듣기만 해도 가슴이 뭉클하고 눈물이 글썽이는 인간의 본원이며, 우리의 영원한 그리움이다. 하물며 시인의 목소리로 듣는 고향 노래는 더 말해 무엇하겠는가? 굳이 '모성

회귀적 본능'이나 '수구초심', '귀소본능' 등의 말을 앞세우지 않더라도 우리 인간을 포함한, 움직이는 생명체 모두에게 가장 아름다운 본능임이 분명하다.

손 시인이 시집 첫 머리에 〈고향〉이란 시를 둔 이유를 알 수 없지만, "갈증과 결핍이 시를 낳는다"는 말에 동조한다면 납득이 가리라 생각한다.

"내 고향 강진에 간다"라는 한 구절로도 우리는 화자의 시심에 교감하는, 강렬한 끌림을 느끼게 된다. '강진'은 단순히 시인의 고향만이 아닌, 민족의 원과 한이 서린 유배지, 남도의 대표적 고장이기 때문에 역사적 · 운명적 울분과 상처가 옹이처럼 박힌 우리 모두의 본향에 다름 아닐 것이다. 언젠가 나도 함께 "장독대 곁에서 분꽃으로 손짓하는, 어머니의 음성 들으러" 가야지.

〈고향〉의 연장선상에 있는 〈말씀 한 벌〉에서는 "어릴 적, 허기를 채워 주는 건 아궁이였다. 불만 지피면 밥이 되고 국이 되고 꽃이 되고 힘을 주는 지극한 양식이었다. 희나리가 든 날이면, 방골에서 밀어내는 매캐한 연기 속에서, 말없이 훔치던 눈물이, 질곡 같던 당신의 한이었을까"라며 시인의 현실로 환치하면서 "어머니의 말씀 한 벌" 떠올리며 모성에 대한 진한 연민을 표백하고 있다.

내 올 줄 아셨는지
울안 여기저기 구절초 피우시고

하늘에서 금방 따온 목화솜 홑청에
도라지꽃 한 땀 한 땀 수놓고 계시네
무덤 앞에 응석 한 짐 풀어놓고
엄마, 내 삶이 왜 이래요 (중략)
철부지 꽃 무너지는 억장
가을볕에 가만가만 토닥이시네 (중략)
때론 습하지 않은 삶이 어디 있겠냐며
저물어 가는 해거름
사람들의 마을로 등 떠미시네

애저녁 초승달로 터벅터벅 따라오시며
봉분 위 구절초로
아련히 손 흔들어 주는 당신.

– 〈아린 꽃〉 부분

고단한 삶의 무게와 어머니에 대한 사모의 정이 혼재되어, 절대자이신 모성을 찾아 하소연하는 딸의 애틋한 모습이 독자의 원초적 감정선을 젖게 한다. 공감을 주는 동시에 시상의 전개와 구성, 그리고 토속어의 감칠맛이 잘 어울려 서정의 묘미를 배가시키고 있다. 시각적 이미지와 대화체 수사도 신선하다.

백련사 동백 숲에 들었다
동록이 오른 잎사귀에서
청사靑史의 문장들을 꺼내 읽는다

가물가물한 기억들
한 무더기 풀어놓고
그리움을 줍다가
초당 뜰에 우두커니 서 본다

몇 가닥 남은 햇살을 목선에 싣고
흑산도를 향한 다산의 소회만
올망졸망한 섬 봉우리를 넘고 있다

어제의 꽃들이 남겨 놓은
동박새 날개에서 떨어지는 비듬
몸살로 옮아 오한까지 찰진
강진만에 감쳐 돌아보면
굽이굽이마다 비켜선 벼랑
우련하다.

– 〈유배지에 감치다〉 전문

손 시인은 곧잘 역사의 현장에서 시적 소재를 채굴해 내는 안목과 그것들을 형상화시키는 재능이 예사롭지 않다. 아마 자신의 생태적 환경에 기인한 것이라 짐작된다. 지난했던 역사의 현장인 강진이 바로 시인의 고향이다. 어느 곳보다 척박한 민초들의 생존 터전이며, 당쟁으로 얼룩졌던 조선조, 한이 서린 귀양의 땅이었던 강진, 그 고향을 찾은 시인은 남도의 정한과 애수에만 머물지 않고, 잃어버린 옛 정취의 미련을 뛰어넘어 모성적 자연의 눈과 귀로, 긍정적 역사의 말과 글로 '청사의 문장'들을 쓰고 있다. 백련사 동백 숲길의 불향佛香을 맡으며, 다산초당의 마당에서 지조 높은 선비의 목민정신을 온몸으로 받아들이고 있다.

마량항 후미쯤
허리 굽은 어부
바닷길 끊긴 뱃머리에 앉아
침침해진 눈 비벼가며
아른거리는 수평선 너머를 보고 있다

바다에 볼모잡힌 파시의 시간들 (중략)
이골 난 수평선 지우고
생멸 넘나들며 풍랑에 긁힌 (중략)
눈자위가 허허롭다

밤낮없이 느루 찍힌 한뉘

지문 다 닳아 옹이 박힌 손

툭툭 털고 돌아서 가는 그림자 (중략)

정박한 화석이다.

– 〈폐선〉 부분

'마량항'은 남도의 나폴리라 불리는 작은 미항으로 강진만의 관문이다. 예부터 탐라로 가는 물길이었으며, 청자 등을 운송하던 교역의 요충지였고, 허기를 채워 주던 작은 어선들의 기착지였다. 나그네의 눈에는 아름다운 저녁놀이나, 황혼녘 강진 포구의 갯벌 너머 까막섬의 고졸한 풍경에 감탄을 연발할지 모르겠으나, 남도의 갇힌 땅에서 유년을 보낸 시인의 눈에는, 거센 물때를 맞서며 삶을 버티던 숱한 어버이들의 모습이 먼저 떠올랐을 것이다. 마치 화석처럼 정박한 폐선, 이는 마량의 상징이며 강진의 은유로 화자의 시심에 각인된 남도의 자화상이었을 터이다.

20여 년 전 유홍준 교수가 쓴 《나의 문화유산답사기》 첫머리를 읽고서, 그때 나는 의아했고 기분이 언짢았다. "아는 만큼 보인다"는 말을 미처 깨닫지 못한 때문이었는지, 내가 사는 '경주'를 너무 좋아했기 때문이었는지 몰라도 역사기행의 출발지라면 당연히 '천년고도 경주'가 아닐까 했는데…. "반도의 오지로, 그 옛날 은둔자의 낙향지이거나 유배객의 귀양지였을 따름이다." 그곳에는 "뜻있게 살다간 사람들의 아픔 속에서 키워 낸 무형의 문화유산이 있고, 저항의 체취가 살아 있으며, 이름 없는 도공과 농투성이들이 지금도 그렇게 살아가고 있는 꿋꿋함에 애잔함이 동시에 느껴지는 흙내음이 있으며, 무엇보다 금수강산의 아름다움을 극명하게 보여 주는 산과 바다와 들판이 있기에" 주저없이 1번지로 선정했다는 유 교수의 말에 동의하면서, 손 시인의 시들을 통해 다시 한 번 확인하게 된다.

고향과 어머니에 대한 연민을 드러낸 시들은 한둘이 아니다. 〈달, 지다〉에서 "새벽이면 정화수 그릇에, 소원 소복하게 채우시던", 〈귀뚜라미〉에서는 "눈 감으면 다가와 사무치게 그리움을 키우다가, 허공에 메아리만 걸어놓고 멀어져 간 이여" 등의 끊을 수 없는 천륜의 끈, 우리 모든 어머니들의 모습들이다.

해와 달, 별과 구름이 밤새 이슬 되어
풀잎 끝에 물 점을 찍었다가
아침 햇살에 말끔히 지워 버리는 것이
질긴 외로움이었다는 것을 몰랐다

– 〈터득하다〉 부분

마음 다독일 틈조차 주지 않은
팽팽한 간이역
레일의 두 사선 같은 운명 갈등하며
먼지 수북한 벤치에 앉아

소리 없이 눈물 떨구며
오지 않는 막차
울지 않는 기적소리 기다리는 여자
가만히 들여다보면 꽃 같은 날 있지

– 〈그런 날 있지〉 부분

그대여
우리가 잠시 머물며
갈잎문자 해독하지 못한
이곳을 잊지 말게나 (중략)
겹겹이 그리웠던 능선 같은 사람
간이역 어디쯤 달려오고 있을 테니
내 그리운 사람, 사람아

– 〈그해 승부역〉 부분

1부에 실린 전자의 작품과 다소 다른 결을 가진 후자의 2편, 근원적 결핍인 사랑과 고독에 대한 갈증을 다룬, 과거지향적이고 고요히 회상되는 정서들을 나타낸 시의 부분들이다. 워즈워드는 《서정시집》 서문에서 "모든 좋은 시는 강한 감정의 자연발생적 표현이나"라고 했다. 시는 서사나 극에 비해 주관적 문학양식이다. 그리고 시는 '고요히 회상된 정서'에서 출발한다. 그렇게 회상된 정서를 한참 묵상하고 나면 일종의 반사작용에 의하여 그

고요의 상태는 차츰 사라지고, 처음 영상의 대상이었던 정서와 닮은 제2의 정서가 생겨나서 실제로 마음속에 자리잡는다. 이런 기분에서 훌륭한 창작이 시작되는 것이 보통이라고 했다.

이러한 관점에서 손 시인의 시들을 대입해 본다면 보다 가까이, 보다 쉽게 독자들은 시인의 시심에 접근하리라 본다. 정서의 요소들인 기쁨, 노여움, 슬픔, 즐거움, 사랑, 미움, 욕망 등은 서정시의 본질인 동시에 원천이다. 서정의 요체는 시인이 얼마만큼 꾸밈없이 감정에 충실하느냐에 달려 있다고 하겠다.

앞에 예시한 〈터득하다〉에서 서정적 자아는 "언제부턴가 강가에 서면, 파아란 하늘이 시린 발을 담그고, 소리죽여 울고 있었다"며 "외진 산길에 핀, 구절초 향기 곁에 주저앉아, 지난 삶을 굽어보면, 처음부터 갈라진 길목에, 경계를 두진 않았다"고 심사를 토로한다. 그리고 마침내는 "문득 생각을 켜들고 돌아보니, 그것이 인생이란 것을"이라며 자성과 회한의 소회를 표출하고 있는 것이다. 첫머리에 제시한 '파아란 하늘'은 바로 시적화자가 지향했던 자아의 본체였고, 시인의 확장된 이상향이었으리라. 인간은 끊임없이 이상을 세우고, 또 그 이상을 달성하고, 그러다 보니 '현실'에 안주하지도 만족하지도 못하고, 자꾸만 일상에 지쳐 그 권태로부터 벗어나고픈 유혹에 빠지게 된다.

〈그런 날 있지〉는 현실의 권태로움에 지친 화자가 "목숨 팽개치고 싶은 날" 옛 추억이 담긴 간이역에서, 과거로 도피하려는 듯, 아니면 목숨을 팽개치려는 듯, 그 운명의 갈등 속에서 고뇌하는 두 개의 자아가 충돌하는 모습을 보여 주고 있다. "세월이 봉인한 은밀한 떨림"은 "프란체스카 닮은 여자"만이 알고 있겠지만, 노정된 시적화자의 감정선을 따라가 보면 "주홍빛 달구어진 그 숲에 들어, 몸져눕고 싶은 그런 날"이 무엇을 뜻하는지 어렴풋이 짐작할 수 있을 듯도 하다.

〈그해 승부역〉은 제목 자체가 이별시의 상징과 함의가 물씬 풍긴다. 고요히 회상되는 로망과 페이소스가 깔려 있고, 이루지 못한 사랑, 그 차가운 별리 앞에 손가락 걸었던 허망한 맹세, 타향을 떠돌다 문득 그날이 그리워 재회를 기대했던 순수함, 그때 가을에 보낸 연서의 의미를 깨닫지 못한 어린 사랑에 대한 원망과 안타까움이 승부역 하늘에 반짝이고 있다. 사랑은, 더욱이 첫사랑은 이루어지지 못했기에 더 아름답고 오래 간직되는 것이 아닐까? 그러함에도 사랑은 맹목적이기에 세월이 흘러도 "간이역 어디쯤 달려오고 있을 테니"라며, "내 그리운 사람 사람아"를 외치며 감정을 터트리고 있는 것이다. 한번 헤어진 인연은 그것으로 끝내야 번민과 실망이 남지 않는다고 하지 않는가. "내 그리운 사람, 사람아"는 이 시의 화룡점정임을 부인할 수 없겠다.

여기에 덧대어 〈초우〉라는 작품의 결말부도 음미해 볼 연작 같은 느낌이 드는 가편이다. "어슴푸레한 저녁, 어둠을 갉아대던 환상통 같은, 그런 사랑 있었다, 두근거리는 맨가슴에, 수십만 개 물 화살로, 연둣빛 속 뜰에 깊게 스며, 지순한 목련꽃같이, 사르시 오는 그런 사랑", 앞의 〈그해 승부역〉은 시간적 배경이 겨울이고, 과거지향적 회상의 연가라 한다면, 〈초우〉는 새봄이 시간적 배경이고, 미래지향적 희망을 느끼게 하는 점이 차이라면 차이라고 하겠다.

이밖에도 혈연적 사랑을 다룬 〈공감〉은 조손 간의 사랑과 소통을, 〈끈〉은 동생의 병상에서 곡진한 기도를 보여 준다.

운구차가 지나갔다
어떤 주검 한 구 떠나는가 보다
생의 누더기 훌훌 벗어놓고
경계를 저쪽 별무리 속으로

문득, 죽음을 생각한다
어둠을 끌어안고 원시原始의 방에 들앉아
내 이름을 불러본다
대답이 없다 (중략)
은은한 향기로 마름질한
유서 한 줄
바다에서 詩를 유혹하는 나는 꽃 같은 여자였다.

– 〈유서〉 부분

이 시는 절대적 자아에게 보내는 유서로, 특정한 대상을 향한 것이 아니다. 불특정 다수에게 한 사람의 자유인으로서의 존재감을 선언하며, 자신의 정체성을 표백한 것이라 하겠다. 누구에게도 종속되지 않은 '나다움의 자아'로서 오직 "바다에서 시를 유혹하는, 나는 꽃 같은 여자"였음을 기억해 주기를 소망하며, 마침내 "생의 누더기를 훌훌 벗어놓고, 경계의 저쪽 별무리 속으로" 영원히 안식할 종언을 예비하는 것이다.

3. 자아를 탐색해 가는 다양한 모습들

〈풍경의 밑그림〉이란 제목의 시가 보인다. 시작에서도 그림처럼 배경이 되는 풍경이 중요한 기능을 하게 된다. 같은 오브제라도 어떤 풍경 속에 놓이느냐에 따라 느낌과 이미지가 달라질 뿐만 아니라 테마의 성격마저 영향을 받을 수 있다. 풍경의 근원이 되는 큰 바탕은 자연이며, 그 자연의 에너지가 되는 것이 바람과 기후라고 할 것이다.

전후 정상급 시인으로 평가받는 테드 휴즈도 그의 《시작법》에서 "시는 사상이나 일시적인 환상에서 비롯되는 것이 아니라, 그것은 찰나적으로든 영구적으로든 간에 육체와 정신을 변화케 하는 것으로부터 이루어진다"고 했다. 그러면서 '바람과 기후'를 '시작법'의 두 번째로 꼽았다. 즉 날씨의 변화가 동물이나 사람에게 얼마나 민감힌 반응을 불러일으키는가를, 그리고 그 결과로서의 정서적인 감정 내용을 시로써 어떻게 구체화하며 표현할 수 있는가를 말한 것이다.

시선을 좁혀, 손 시인의 시집 2부와 3부에 수록된 상당수의 작품들은 기후의 변화, 계절을 배경으로 한 시들로 묶여 있다. 2부의 〈연두에 들다〉 〈바람의 그물〉 〈폭설〉, 3부에는 〈봄의 가슴으로〉 〈봄을 쓰다〉 등이 그것이다.

생강나무 가지 끝
앙다문 입매에서 시작된 화두
숨죽인 날들의 소실점이다

경계를 넘는다는 일이
이처럼
낯설고 엄격한 의식일 터

언어로 적을 수 없는
꽃송아리 보글대는 옹알이가
입춘에 들어서자 내뱉은
기막힌 첫 발설이다

아니다, 뼛속까지 시린
노정의 참선 끝에 깨달은
현자의 긴한 말씀들이다.

– 〈입춘에 들다〉 전문

(전략) 푸르게 번져가며 속삭이는 숲의 밀어들 (중략)
바위를 타고 떨어지며
물보라를 일으켰네
그 순간,
아련히 다가왔던 첫사랑이 그리웠네
참꽃 방석 깔아놓은 그날부터
가슴은 숯불처럼 뜨거웠고
사랑은 늘 달콤하게 방황했었네 (하략)

– 〈연두에 들다〉 부분

위 두 작품은 계절의 변환을 배경으로 하고 있으며, 전자는 이른 봄, 생강나무 봉오리를 통한 새 생명의 탄생을 그려내고 있다. 단순히 자연변화의 신비를 드러낸 것이 아니라, 창작과정과 그 산고의 과정을 내포로 하여 중의하고 있다. 특히 '숨죽인 날들의 소실점', '내뱉은 기막힌 발설', '참선 끝에 깨달은, 현자의 긴 한 말씀' 등의 구절은 메타포어의 상승적 이미지를 잘 보여 주고 있다.

후자 역시 소생과 희망의 계절을 바탕으로 '첫사랑'의 추회를 노래했다. 여기서 화자는 '고요한 회상'에만 머물러 있지 않고 '푸르게, 뜨겁게, 달콤하게' 방황했다고 고백하며, "이제 불구의 기억들이 표류하는 연두에 들어", "푸르게 푸르게 나도 너를 사랑했었다"고 외치고 있다.

(전략) 찔레꽃이 필 때면 생인손을 앓았다
긴긴 날 욱신거리는 통증으로
동공에 핏발이 섰다 (중략)
음악이 깔린 카페에 종일 앉아 기다려도
기척 없는 발소리 같았다 (중략)
상처만 아물면 되겠지 싶어
연둣빛 연고를 덧바르며 보낸
그 세월 뒤로
바람에 들려오는 말
너는 이미 별이 된 뒤였다.

– 〈오월이 오면〉 부분

화자는 오월의 사랑을 회상하며, 이룰 수 없었던 그 사랑의 상처를 되씹는다. 애증의 대상이었던 '너', 고통과 상처를 스스로 치유하며 담담히 바라볼 수 있을 텐데 "너는 이미 별이 된 뒤"라는 사실을 확인하였다는, 연둣빛 신록과 대비되는 흰 찔레꽃처럼 아름답고도 슬픈 엘레지다. 부분적 이미지뿐만 아니라 작품 전체적 형상화가 잘 이루어져 있다. '풍경의 밑그림'을 스케치하는 시인의 터치가 섬세하고 예리하다.

이밖에도 동적인 자연물을 끌어와 시의 주제를 돋보이게 하는 수사법을 여러 편에서 보게 된다. 빠른 템포로 봄바람의 생동감이 느껴지는 〈바람의 그물〉의 "(전략) 투명한 그물에 대지가 한 움큼 걸렸다. 순간, 우주가 출렁했다. 나들목 건너온 나뭇가지 끝에, 푸른 정맥 꿈틀거리며 움트는 연둣빛 속살, 황홀하다 봄은 지금 (하략)"에서 우리는 황홀한 대지와 시적자아와의 물아일체 경을 맛보게 된다.

또 〈불면에 부치다〉의 1연 "수천 수만의 문장이, 꽃으로 만개하는 봄밤, 적막보다 무거운 불면 끝에, 암고양이 간헐적인 쉿 소리가 섬뜩하다"에서는 생명을 창조하는 위대한 자연의 힘에 비춰서, 뜨겁지 못했던 화자의 나약한 모습, 철저하지 못한 시인의 창작 태도 등에 잠 못 들며 고민하고 자성하는 모습을 보여주고 있으며, 시각의 청각화로 공감각적 이미지를 잘 구사하고 있다.

〈산중일기〉의 결말부에는 "하루 그림자 마당에 불러들여, 저녁을 닫으면, 숲속 적막이 뛰어들어 별빛으로 반짝이고, 허공에 걸터앉아, 가는 눈매로 웃어주는, 초승달만이 내 위안이다"라며, 〈불면에 부치다〉의 수사법과는 달리 '고요', '수탉 긴 가락', '소리 없이 지나간 비행기' 등의 청각적 이미지를 '가는 눈매로 웃어주는 초승달'이라는 시각적 이미지로 변환하며 외로움을 눈에 선하게 그려주고 있다.

> (전략) 사선으로 내리치는 빗방울들이
> 유리창에 부딪혀 혼절하여
> 나무 물관을 타고

습윤의 질감으로 나긋나긋
푸른 문장을 표절하곤 하지 (하략)

— 〈물의 질감〉 부분

휠라이트와 퀘린의 원형상징에서 '물'은 영원한 정화, 재생으로서의 이미지를 갖는 동시에 욕망과 근원, 이율배반성으로서의 이미지를 갖기도 한다. '물'은 모든 유기체의 원천인 동시에 본질임이 분명하다.

투명한 물의 순환계, 생성과 소멸, 그리고 재생을 식물의 성장과정에 비유하며, 마침내는 시인의 욕망인 창작에다 연결하고 있다. 구체적으로 살펴보면 "꽃이파리에 넋두리를"에서 "푸른 문장을 표절하곤"으로 "눅진한 시의 씨앗을 흩어놓기도" 한다며 시상을 연쇄적으로 확장시켜 가고 있다. 그러면서 "한 닷새 비"라도 내려주면 "새싹이라도 틔울 텐데"라며 근원적 생명 에너지가 "내 안의 물꼬"임을 강조하고 있다. 이는 성실한 도전을 드러내는 화자의 겸손한 다짐의 역설이기도 하다. 활유와 중의, 연쇄 등 다양한 수사법이 동원되었다.

유독 햇볕 쨍쨍한 날이면
그 절정에서
오색딱다구리 한 마리
내 왼쪽 이마에 둥지를 튼다

게보린 두어 알로 달래보지만
곤궁한 내게는 맹목적이다
종일 머리 싸매고 누워 달래보지만
타협 없는 얄궂은 투정
딱, 딱, 따닥 따, 그, 르, 르, 르
금방이라도 터질 것 같은 위협, 공포다.

– 〈편두통〉 전문

'편두통'이라는 촉각적 원관념을 시청각적 보조관념인 '오색딱따구리'에 빗대어 공감각적 이미지를 극대화하며, "금방이라도 터질 것 같은 '위협'이나 '공포'가 아니라, 화자의 '편두통'을 금방에라도 낫게 해 줄 것 같은 예감이 든다. "딱, 딱, 따닥 따, 그, 르, 르, 르" 딱따구리의 경쾌한 소리는 오히려 두통 치유의 청량제처럼 들리니 말이다. 원관념과 보조관념의 거리가 멀어 시적 긴장감도 있으며, 기발한 시인의 발상에 시를 읽는 재미를 느끼게 한다.

4. 한 권의 장서 속에 담긴 다채로운 변주곡들

3부와 4부의 작품을 함께 살펴본다. 서두에서 말했듯, 3부는 자아를 탐구해 가는 시인의 범애적 인생관이 드러난 시들이고, 4부는 자연과 인생, 생존의 모습 등 현실의 현상들을 다룬 것들이다. 시인의 다양한 퍼소나를 통하여 다채로운 목소리를 듣게 될 것이다.

내 손바닥은 장서다
생의 단면에서 시작되는 구절양장
난해한 문장 빼곡히 적힌
페이지를 넘길 때면
숨이 컥 막히고, 하늘이 노랗다
누가 어지러운 무늬
내 손바닥에 낙인처럼 그어 놓았을까
이력서에 적을 행적이라곤
현모양처 한 줄뿐
허튼짓 하고 싶지 않는데
세상은 바람 들게 부추겨 놓고
모진 여자라고 카악, 침을 뱉는다
촉을 잠재우고 있는 시간
기 센 운명이라 치부하고 싶은데
음전한 여자라 한다
이제는 피할 수 없는 마파람 사이를 지날 때
가슴에 맺힌 詩의 조각들 날카롭게 벼려야 한다
절정을 치닫는 갈맷빛이 아니라도
잉걸 속 초록 불꽃같이

강건하고 유려하게 써내려 갈

한 권의 나의 장서.

– 〈한 권의 장서〉 전문

시인 자신이 표제작으로 뽑은 만큼 애착을 가진 작품으로 짐작된다. 아마도 이 시집의 '서시'에 값하거나, 시인의 삶과 문학의 지향점을 압축적으로 보여 주는 시가 아닐까 여겨진다. 1연 1행, "내 손바닥은 장서다"라는 구절의 은유부터 시적 긴장감을 불러일으킨다. 우리 인체에서 어떤 부위가 가장 상징성을 띨까? 대부분 얼굴이라 하겠다. 그러나 넓혀서 일생을 생각할 땐 손바닥을 떠올리게 된다. 그 속에 담긴 손금들, 소위 수상手相은 그 사람의 '운명'을 예시하는 바로미터로 인식되기 때문이다. 이에 화자는 손바닥을 장서藏書로 환치시키며 지식과 정보의 총체로서 인생 경험의 궤적으로 연결하며, 종내는 이 투명한 거울에 자아의 진면목을 투영하고 있는 것이다. 시인은 운명처럼 마주한 창작의 고통과 엄격성을 감내하며 '잉걸 속 초록 불꽃같이' 시작에 임하겠다는 의지와 결기를 보여 주고 있다. 그리하여 빛나는 '한 권의 장서'를 남기고 싶은 것이다.

화자의 서정에 대한 갈증이랄까, 원초적 본향에 대한 집착 같은 영혼의 소리는 도처에 나타난다.

"예고도 없는 비바람이 친다, 촉촉하게 젖은 마음 정류장에 닿자, 눈길 앞세워 기다리는 당신, 참 따뜻한 저녁이다"라는 〈따뜻한 저녁〉에서 가족에 대한 위로와 가정의 안식을 통한 소소한 행복을 맛보게 한다.

"잠시 온 것 같은데 멀리 와 있다, 내가 나로 돌아가기에는 아득한, 긴 시간 길 위에서 살았다. (중략) 돌아가기엔 너무 먼 길, 그래도 나는 내가 그립다, 꽤 오랜 시간"의 〈먼길〉에는 지천명知天命을 지나 이순耳順에 이른 삶의 언덕에서 바라본 인생행로, 이제 회한보다는 숙명으로 담담히 관조하고 있는 듯하다.

스피드화되고 편리해진 현대 기계문명사회의 이기 중 하나인 '지하철'을 소재로 한 〈섬〉에서는 "길 위의 섬"으로, "표류하는 섬"으로, 끝내는 "천천히 천천히 침식당하는 고독한 섬"으로 '군중 속의 고독'을 노래하고 있다. 동어반복으로 점층의 기법도 눈에 띈다.

또 〈하루〉라는 작품에는 "서서히 가라앉기 위한, 의식을 치르는 노을 앞에 서면, (중략) 너는 빈 거처로 돌아가고, 하늘에 총총 별로 돋는다. (중략) 불현듯 일상이 된 하루 끝에서, 비로소 보이는 명료해진 삶"이라며 물아일체, 주객일체화되어 가는 우주와 자아의 혼연을 통해, 고단하고 남루한 내 삶을 객체화하며 명료해진 자아를 조망하고 있다. 한 편의 웅장한 심포니를 압축한 듯 꽤 여운이 남는다.

손 시인은 크리스천으로 알고 있는데, 〈선운사 동백〉, 〈적멸궁에 들다〉, 〈수종사에 들다〉 등 상당수 작품들이 불교적 소재나 주제들의 시를 보여 주고 있다. 이는 아마도 우리 민속신앙이나 불교가 오랜 세월부터 대중의 생활과 밀착해 왔다는 전통적 인습과 우리나라 명산 곳곳에 산재해 있는 불교문화재, 즉 사찰을 기행지로 만나기 때문이기도 하겠지만, 무엇보다 "산 자와 죽은 자의 한을 풀어주고, 영혼과 정신을 안정시켜 주는" 신앙의 정화 기능과 "자연과 신이 동일하며, 일체의 자연은 곧 신이며, 신이 자연이라고 생각"하는 범신론적 종교관에 가까운 시인의 박애적 인식이 근저에 침잠해 있기 때문이 아닐까? 아무튼 이에 해당하는 시들 가운데 한 편을 소개한다. 그야말로 선시로, 독자 여러분에게 감상의 즐거움을 선물로 드린다.

수막새 눈물에 젖는 날
욕망에게 뻗은 마음의 가지 잘라내고
삼정헌 부도 곁에서, 화엄의 미소를 본다

법열에 든 은행나무 아래 서면
할~ 하시는 옛 선승의
죽비소리

미욱한 내 마음
자비로운 불佛 앞에 두 손 모우자
화두 없이 다가온 솔숲 바람에
사하촌 가득한 풍경소리 은은하다.

– 〈수종사에 들다〉 전문

낯선 문장에 방화를 일삼는 나는
너를 추종하는 음모자
아니, 영토를 넓히려고
백야의 땅을 누비는
한 마리
독성 강한 야수다 (중략)
밤마다 횃불 켜들고
아침이 오고 내일 또 내일이 밝기까지
너를 향한 반란을 멈추지 않겠다.

– 〈詩, 너를 위해〉 부분

위 작품은 사임당문학상 수상작이다. 치열하고 확고한 시 정신을 엿보게 한다. 조금은 거칠고 생경한 시어들로 구사되어 공격적이며 도발적인 분위기를 연출하고 있다. 그런 만큼 이 시는 끈끈한 흡입력을 불러일으킨다고 하겠다. 1연의 '방화를 일삼는 나', '추종하는 음모자', '독성 강한 야수', 2연의 '혈투를 자행하는 기소유예자', 3연의 '사막의 야생', 4연의 '너를 향한 반란' 등이 여기에 해당하는 어휘들이라 하겠으며, 점층법에 의한 역동적 상승감을 보여 준다.

사라진 것들이 마법처럼 돌아온
선사의 땅 암사동 유적지에 들었다

언제부터 따라왔는지 삽시간
물비늘 달고 온 소나기가 폭포처럼
움집 기스락 타고 흘러 공원 마당을 쓸어내린다
새 발자국 지문이 음각된 휴지통을 적셔놓고서
길 건너 저쪽 사람들의 도시에도
정오를 비껴선 볕살 위로
우렁우렁 천둥과 번개가 불칼을 휘두르며
절정을 치닫는 칸나 꽃잎들을 찢어 놓았다
오수의 꿈결인 듯
지나가는 먹구름 비껴선 8월의 태양이
다시 집요하게 내리쬈다
후줄근한 바짓단을 말아올리고
전시관으로 들어섰다
원시의 셈법을 모르는 나는
수천 년 동안 토기에 깃들어 숨 재우며
새들이 총총 찍어 놓은 지문을 탐색하다가
오만한 망상을 거두고 발소리 죽여 전시관을 나왔다
21세기의 현란함 속 원시의 치열했던 삶을 엿보면서.

– 〈새의 지문〉 전문

앞서 감상한 〈詩, 너를 위해〉가 생경한 한자어가 섞인 남성 편향적이라고 한다면, 위 작품은 여성 편향적으로 섬세한 어휘 구사로 묘사되었다. 원시적 역사 현장을 현재로 소환하여 대비시키고 있으며, 시 전편이 구조적 형상화로 잘 짜여져 있다. "원시의 셈법을 모르는 나는, 수천 년 동안 토기에 깃들어 숨 재우며, 새들이 총총 찍어 놓은 지문을 탐색하다"는, 시인의 시적 형상화 능력을 가늠케 하는 동시에 시적 안목의 넓이를 보여 준다고 하겠다.

이밖에도 〈시치미 떼고 싶다〉와 '청산도'의 연작인 〈목섬〉과 〈초분〉, 그리고 〈유효 기간〉도 말없이 지나치기가 미안하고 아쉬운 작품들이다.

5. 과제와 마무리

4부에는 사회적 병리현상에 대한 예리한 비판, 학창시절의 동경과 우정, 국가와 민족에 대한 우국충정 등 손 시인의 시 세계는 다양하고 다채롭다. 지면 관계상 수준 높은 작품들을 모두 감상하지 못함이 못내 아쉽다.

이상에서 살펴본 손 시인의 작품들은, 향토적이고 토속적인 소재들을 통한 민족의 정한과 여성의 애환을 그리되, 결코 비통해하거나 낙심하지 않고, 이를 긍정적 에너지로 승화시키고, 미래로 극복해 가려는 희망의 메시지를 준다는 점이다. 이러한 시인의 시적 에너지는 범애적 휴머니티를 바탕으로 한 원초적 본성에서 비롯된 것 같다. 서정에 대한 갈증이랄까, 그의 본향에 대한 집착 같은 영혼의 소리는 독자들로 하여금 쉬 동화되게 하고, 교감하게 하는 마력과 매력을 지니고 있다. 나만의 독백이 아닌 공감의 대화, 그리고 사랑과 서정이 살아 있는 시를 들려주고 있다.

아무쪼록 현초 손희자 시인의 제3시집 《한 권의 장서》 출간을 진심으로 축하드리고, 앞으로 더욱 정진하여 한국여성문학의 지평을 확장하는 데 일익을 담당하기를 기대해 본다.

한 권의 장서

펴낸날 초판 1쇄 2019년 11월 15일

지은이 손희자
펴낸이 서용순
펴낸곳 이지출판

출판등록 1997년 9월 10일 제300-2005-156호
주소 03131 서울시 종로구 율곡로6길 36 월드오피스텔 903호
대표전화 02-743-7661 팩스 02-743-7621
이메일 easy7661@naver.com
디자인 박성현
인쇄 (주)꽃피는청춘

값 10,000원

ISBN 979-11-5555-122-6 03810

이 도서의 국립중앙도서관 출판시도서목록(CIP)은 e-CIP홈페이지
(http://www.nl.go.kr/ecip)와 국가자료 공동목록시스템
(http://www.nl.go.kr/kolisnet)에서 이용하실 수 있습니다.
(CIP제어번호: CIP2019044184)